W0316597

ERSTE DRESSURÜBUNGEN

GRUNDAUSBILDUNG FÜR PFERD UND REITER

von
Jane Wallace

Illustrationen von
Carole Vincer

CADMOS

Titel der Originalausgabe:
Jane Wallace, Flatwork Exercises
Threshold Picture Guide Nr. 23

Aus dem Englischen übertragen
von Christiane Schreiter

Cadmos Verlag
Kavalkade-Ratgeber Nr. 6
Für die deutsche Ausgabe:

Umschlaggestaltung: Ravenstein Brain Pool

Printed in Germany
ISBN 3-86127-209-1

Inhalt

Erste Dressurübungen
Grundausbildung für Pferd und Reiter

Einführung

Im Reglement der British Horse Society wird die Dressur folgendermaßen definiert: *Die Aufgabe der Dressur ist die harmonische Entwicklung der Kondition und der Fähigkeiten des Pferdes. Als Resultat soll das Pferd ruhig, locker, geschmeidig und beweglich sein, aber auch vertrauensvoll, aufmerksam und eifrig, so daß zwischen Pferd und Reiter perfektes Einvernehmen erreicht wird.*

Das zeigt sich in freien und taktreinen Gangarten, in harmonischen, leichten und ungezwungenen Bewegungen, in einer Hinterhand, die aktiv und schwungvoll antritt, in einer aufgerichteten Vorhand und in der Annahme des Gebisses ohne Spannung und Widerstand.

Das Pferd soll den Eindruck erwecken, daß es freiwillig und ohne Zwang durch den Reiter macht, was von ihm verlangt wird. Es muß sich auf geraden Linien geradegerichtet bewegen und auf gebogenen Linien korrekt gestellt und gebogen. Das Pferd muß gehorsam und ohne Widerstand, Zögern oder Verspannung auf die Hilfen reagieren. Es kann Monate und sogar Jahre dauern, bis ein Pferd so trainiert ist, daß es zu all dem fähig ist, was von ihm erwartet wird. Diese Mühe wird belohnt durch die Freude, die es macht, ein gut geschultes Pferd zu reiten, besonders wenn der Reiter es selbst geschafft hat, das Pferd so weit zu bringen.

Wie jeder Athlet muß auch das Pferd mehrmals in der Woche ein Pensum von lockernden und kräftigenden Lektionen absolvieren, die seine athletischen Fähigkeiten erhalten und verbessern. Genauso wie ein Sportler zunächst eine Zeitlang Übungen zur Dehnung und Lockerung macht, bevor er sich dem anstrengenderen Training zuwendet, braucht auch das Pferd Zeit zum Aufwärmen.
Die Übungen in diesem Buch werden in der Reihenfolge der Schwierigkeitsgrade vorgestellt und können als Trainingsplan betrachtet werden.

Die Fähigkeit von Pferden, sich längere Zeit zu konzentrieren, ist sehr begrenzt. Um also Langeweile zu vermeiden, ist es besser, man beschränkt die Trainingszeit auf eine halbe bis eine dreiviertel Stunde. Danach soll das Pferd Zeit haben, sich wieder abzukühlen und im Schritt am langen Zügel seinen Hals zu strecken.

Sattelzeug und Reitbekleidung

Das Wichtigste ist, daß Pferd und Reiter sich wohlfühlen und daß das Sattelzeug und Reitbekleidung sicher sind. Einen Dressursattel für das Dressurtraining zu verwenden, ist nicht unbedingt notwendig. Einige der Lektionen aus der Grundausbildung sind auch für das Springen von großer Bedeutung, also muß das Pferd auf kurz geschnallte Steigbügel ebenso reagieren wie auf Bügel in Dressurlänge.

Der Sattel muß Pferd und Reiter gleichermaßen passen, keiner von beiden kann gute Leistungen vollbringen, wenn der Sattel unbequem ist. Eine richtig sitzende Satteldecke polstert den Pferderücken ab und macht den Sattel für das Pferd bequemer. Unfälle können auch bei der Dressurarbeit passieren, daher ist es wichtig, daß die Steigbügel die richtige Größe haben und daß die Lederriemen sicher sind. Das Trensengebiß muß dem Pferd passen und darf weder zu breit noch zu schmal sein. Das Zaumzeug muß korrekt verschnallt sein, so daß das Gebiß weder zu hoch noch zu tief im Pferdemaul sitzt. Die Turnierregeln erlauben eine Vielzahl verschiedener Trensengebisse, man muß nur das für das Pferd geeignete auswählen.

Eine bruchsichere Sturzkappe sollte immer getragen werden, auch beim Dressurtraining.

Geeignetes Schuhwerk sind entweder Stiefel oder Jodhpurstiefeletten. Reithosen oder Jodhpurhosen sind am bequemsten, aber auch lange oder kurze Chaps über Hosen verhindern das Rutschen und geben einen guten Halt. Handschuhe sind in offiziellen Dressurprüfungen vorgeschrieben, daher ist es sinnvoll, sich bei der Dressurarbeit zuhause schon mal daran zu gewöhnen. Auch sollte beim Training dasselbe Sattel- und Zaumzeug benutzt werden wie in der Prüfung.

Die Gangarten

MITTELSCHRITT

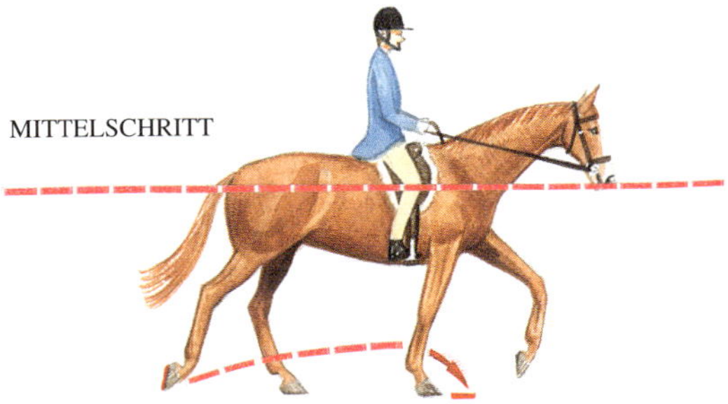

Um zu begreifen, was einen guten Schritt, Trab oder Galopp ausmacht, muß der Reiter zunächst die Eigenschaften kennenlernen, durch die eine Gangart korrekt wird. Außerdem muß er die verschiedenen Gangmaße (Tempi) einer jeden Gangart unterscheiden können.

In allen Gangarten muß das Pferd im Takt gehen; es ist der Takt zusammen mit der Schubkraft und der Balance, die dem Pferd Schwung verleihen.

Der Schritt

FREIER SCHRITT

Die Schrittfolge

Der Schritt ist eine Gangart im Viertakt. Er muß gleichmäßig, frei und unverkrampft sein. Man unterscheidet folgende Tempi im Schritt:

Der Trab

ARBEITSTRAB

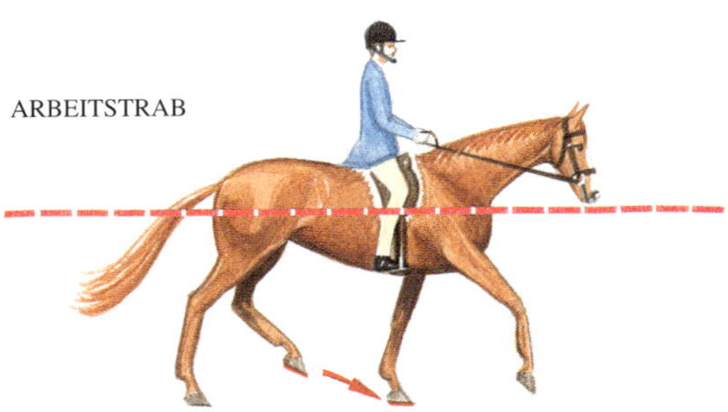

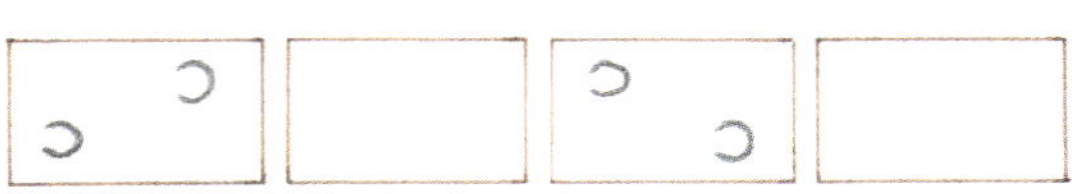

Die Trittfolge im Trab

MITTELTRAB

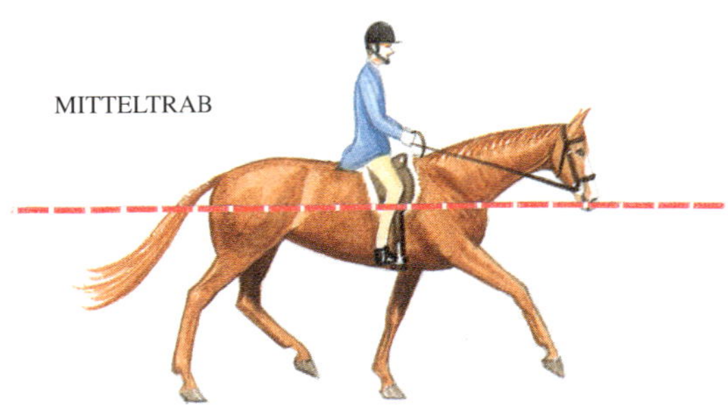

Der Trab ist eine Gangart im Zweitakt. Das Pferd hebt abwechselnd die diagonal gegenüberliegenden Beine, dazwischen ist eine kurze Schwebephase. Diese Gangart soll schwungvoll und taktmäßig sein, dabei muß der Pferderücken einen Eindruck von federnder Elastizität vermitteln. Der Schweif sollte beim Traben frei hin und her pendeln. Beim Übergang von einem Gangmaß zum nächsten, müssen Takt und Gleichgewicht erhalten bleiben.

√ **Der Arbeitstrab**: Dies ist das Tempo, in dem die meisten Lektionen geritten werden. Das Pferd muß sich selbst tragen, einen guten, gleichmäßigen Takt einhalten und die Hanken (Hüft-, Sprung- und Kniegelenk) aktiv einsetzen.

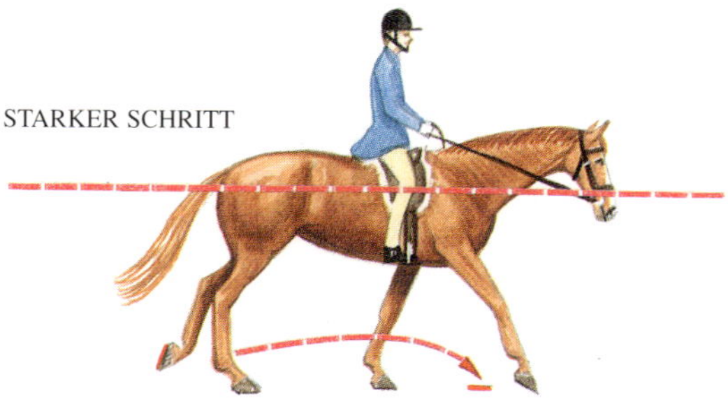

STARKER SCHRITT

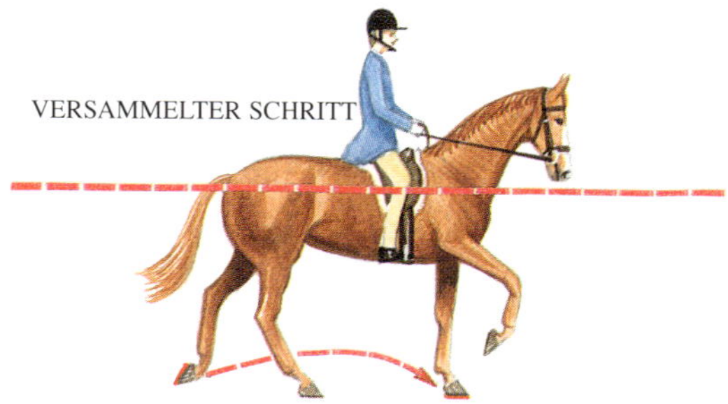

VERSAMMELTER SCHRITT

√ **Mittelschritt**: Das Pferd geht eifrig aber ruhig vorwärts mit regelmäßigen, unverkrampften Schritten, wobei die Hinterhufe vor den Abdrücken der Vorder-hufe auftreten. Der Reiter muß einen leichten aber beständigen Kontakt mit dem Pferdemaul (Anlehnung) haben.

√ **Freier Schritt:** Das Pferd entspannt sich am langen Zügel und darf Kopf und Hals strecken. Es schreitet vorwärts, ohne den Takt zu verlieren.

√ **Starker Schritt:** Das Pferd soll soviel Boden wie möglich überwinden, ohne zu eilen oder aus dem Takt zu geraten. Das Pferd darf Kopf und Hals vorstrecken, wobei es in der Anlehnung bleibt.

√ **Versammelter Schritt:** Die Schritte sind kürzer aber eifriger als im Mittelschritt. Das Pferd muß taktmäßig vorwärtsschreiten und dabei die Beine vermehrt anheben, um zu vermeiden, daß der Takt verlorengeht. Dieses Gangmaß sollte nur geritten werden, wenn das Pferd bereits einen hohen Ausbildungsgrad erreicht hat.

Es ist sehr wichtig, daß man den Schritt nicht verdirbt. Diese Gangart soll so natürlich wie möglich sein, um Verspannungen zu vermeiden oder aus dem Takt zu kommen.

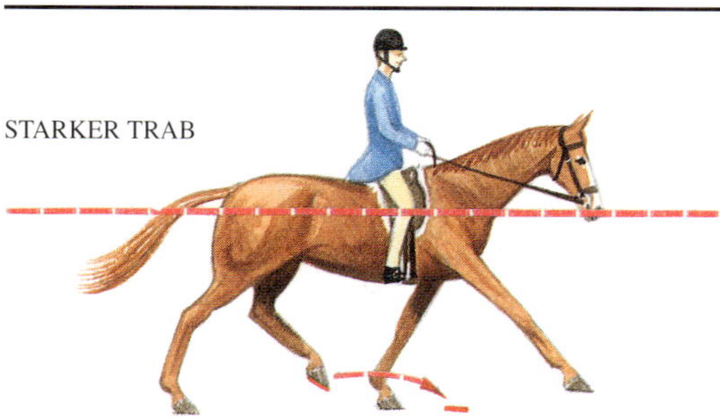

STARKER TRAB

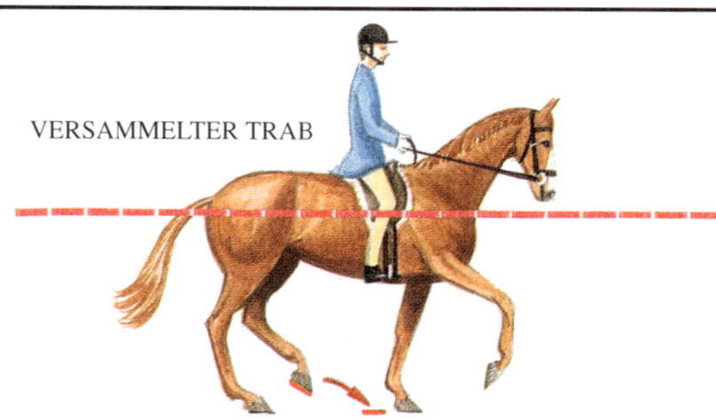

VERSAMMELTER TRAB

√ **Mitteltrab:** Dieses Tempo liegt zwischen Arbeitstrab und starkem Trab. Die Tritte sind etwas länger und freier als Folge der Schubkraft, die aus der Hinterhand kommt. Der Reiter soll das Pferd sich verlängern und Hals und Kopf etwas vorwärts-abwärts lassen, ohne dabei Takt oder Balance zu verlieren.

√ **Starker Trab:** Das Pferd hat soviel Raumgriff wie möglich, indem es die Tritte maximal verlängert, auch dies als Folge der Schubkraft, die aus der Hinterhand kommt. Kopf und Hals müssen sich vorwärts-abwärts strecken ohne daß dabei das Gleichgewicht oder der Takt verlorengehen. Das Pferd darf nicht schneller, sondern nur raumgreifender werden.

√ **Versammelter Trab:** Die Tritte sind kürzer als im Arbeitstrab, der Trab ist leichter und aktiver mit vermehrtem Schub aus der Hinterhand und den Hanken (Hüft-, Sprung- und Kniegelenk).

Der versammelte und der starke Trab sind Tempi, die erst korrekt ausgeführt werden können, wenn das Pferd einen hohen Ausbildungsstand erreicht hat. Übt man den starken Trab, bevor das Pferd fähig ist, sein Gewicht mit der Hinterhand aufzunehmen, kann das dazu führen, daß das Pferd auf der Vorhand geht.

Der Galopp

ARBEITSGALOPP

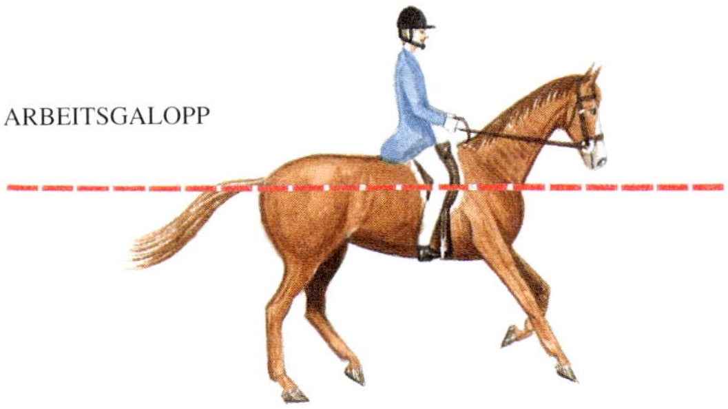

MITTELGALOPP

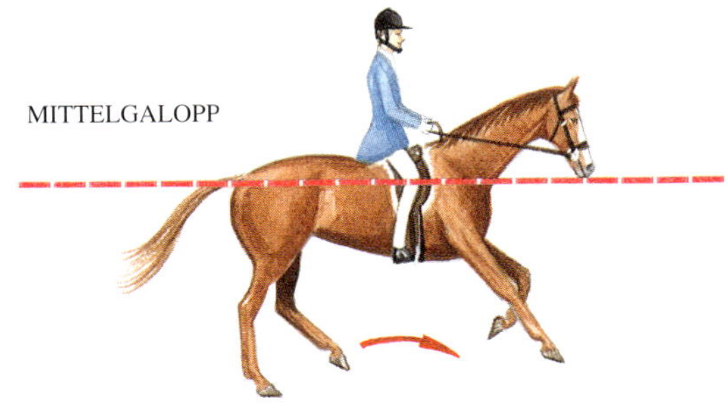

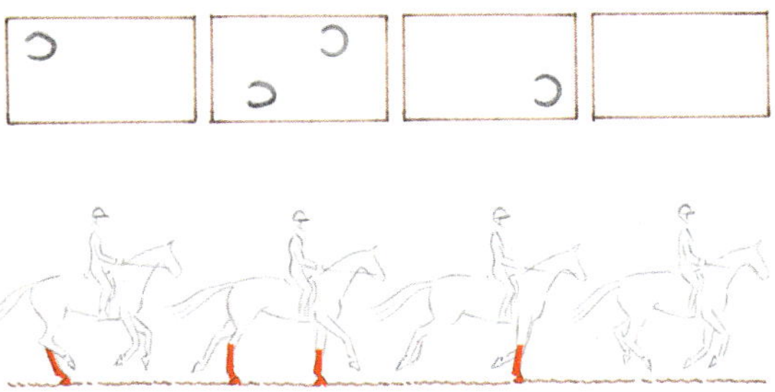

Die Sprungfolge im Galopp

Der Galopp ist eine Gangart im Dreitakt. Die Galoppsprünge sollen leicht und regelmäßig sein. Die Hinterhand muß aktiv untertreten, und das Pferd muß auf geraden Linien geradegerichtet sein.

√ **Arbeitsgalopp:** Dies ist das Grundtempo, in dem das Pferd sich selbst trägt bei leichter Anlehnung ans Gebiß. Das Pferd muß aktiv in der Hinterhand sein, nicht schwer oder schleppend.

√ **Mittelgalopp:** Das Pferd galoppiert mit mehr Bodengewinn als im Arbeitsgalopp als Folge der Schubkraft aus der Hinterhand. Das Pferd muß

Arbeit auf dem Zirkel

Die Arbeit auf dem Zirkel verbessert die Durchlässigkeit und das Gleichgewicht des Pferdes. Der Zirkel verlangt nur eine geringe Stellung im Genick, aber er verbessert die Tragfähigkeit des inneren Hinterbeins.

Zu Beginn der Trainingsstunde sollte der Reiter sich darauf konzentrieren, daß das Pferd taktmäßig und eifrig, aber ruhig vorwärtsgeht. Mit Hilfe des Zirkels läßt sich taktmäßiges Gehen erreichen und verbessern, weil sich das innere Hinterbein mehr beugen muß, wenn das Pferd korrekt auftreten soll. (Um im Arbeitstrab korrekt aufzutreten, müssen die Hinterhufe in die Abdrücke der Vorderufe gesetzt werden.) Wenn das Pferd seine innere Hüfte nicht beugt, kommt es entweder zu Taktstörungen, zu Außenstellung oder zum Ausfallen der Hinterhand.

Die Hilfen für Wendungen und Zirkel sind in dem Band „Die Reiterhilfen" aus dieser Serie beschrieben, aber es muß noch einmal betont werden: das Pferd wird vom inneren Schenkel des Reiters angetrieben, wobei der äußere Zügel die dabei entwickelte Energie auffängt und verwahrend wirkt. Läßt der Reiter zu, daß das Pferd sich auf den inneren Zügel legt, wird es sein Gewicht auf die Reiterhand verlagern, und nicht die Hinterhand, wie es richtig wäre.

Zirkel müssen rund sein! Eiförmig oder oval gerittene Zirkel sind falsch und zeigen fehlende Kontrolle an. Das Pferd soll auf beiden Händen gearbeitet werden. Dabei muß der Reiter besonders auf seine „schlechte" (steife) Seite achten, damit es sich nicht durchmogelt und auf den inneren Zügel legt.

Es ist wichtig, daß das Pferd auf geraden Strecken geradegerichtet ist und sich nur biegt, wenn es auf gebogenen Linien geht. Auf geraden Strecken soll es eine gleichmäßige Anlehnung an den Zügel haben, auf dem Zirkel aber am äußeren Zügel stehen.

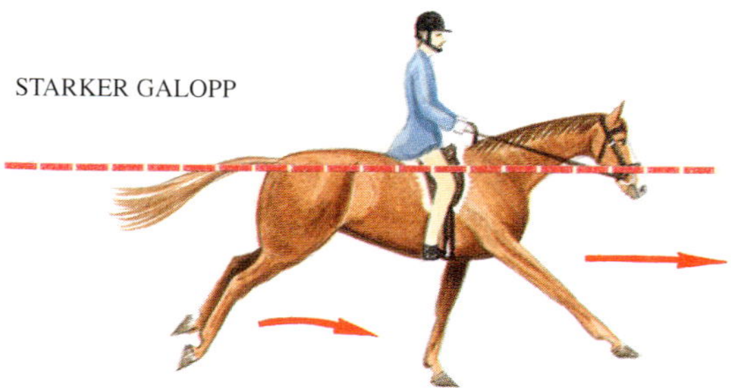

seinen Hals ein wenig vorwärts-abwärts strecken können, ohne daß es Balance oder Takt verliert.

√ **Starker Galopp:** Das Pferd galoppiert mit größtmöglichem Bodengewinn, indem es seine Sprünge aus der Hinterhand heraus maximal verlängert. Es darf nicht verspannt sein oder rennen, muß die Taktmäßigkeit der Sprünge bewahren und darf nicht auf die Vorhand fallen.

√ **Versammelter Galopp:** Die Hinterhand und die Hanken nehmen sehr viel Gewicht auf, wodurch die Sprünge kürzer und leichter werden. Der Takt darf sich nicht ändern, das Pferd ist in der Vorhand freier, die Schultern bewegen sich gelöst.

√ **Außengalopp (Kontergalopp):** Dies ist eine lösende Lektion, bei der vom Pferd verlangt wird, zum Beispiel auf der rechten Hand links zu galoppieren. Dabei sollte das Pferd ohne Rücksicht auf die gerittene Richtung links (oder rechts) gestellt bleiben. Takt und Balance dürfen sich nicht ändern, auch dürfen die Sprünge nicht kürzer werden.

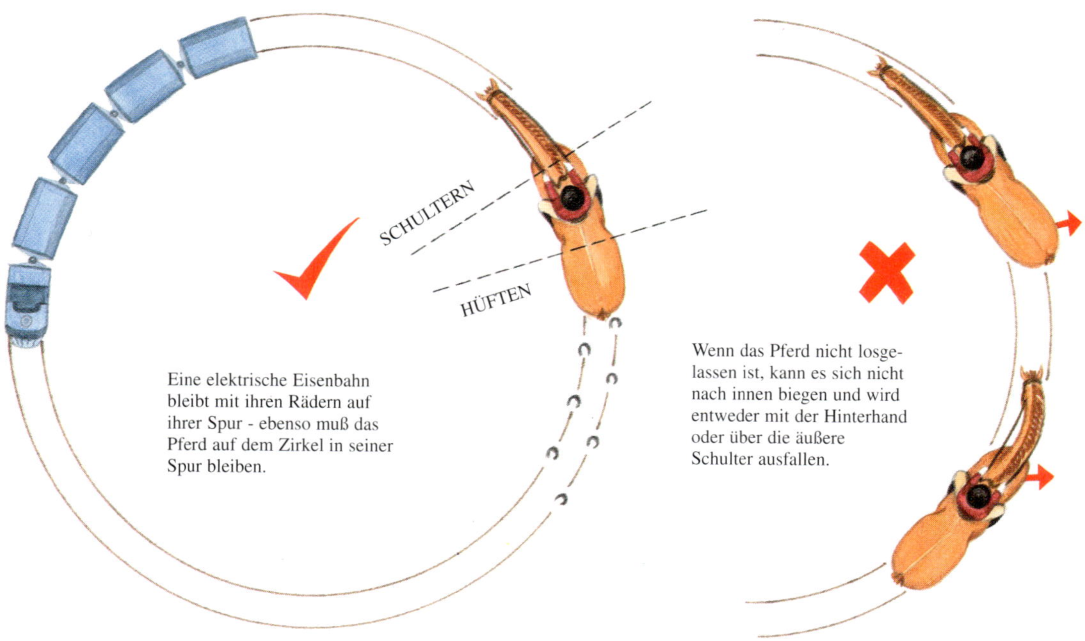

SCHLANGENLINIEN

Diese Lektion ist von besonders großem Nutzen. Durch das Wechseln der Hand und der Biegung muß sich das Pferd erst in die eine, dann in die andere Richtung dehnen, und dabei von Mal zu Mal das tragende Hinterbein wechseln.

Eine Schlangenlinie besteht aus drei gleich großen Bögen, die von einer Seite der Bahn zur anderen reichen. Wichtig ist, daß das Pferd jeweils ein, zwei Tritte lang geradegestellt ist, bevor es umgestellt und umgebogen wird. Während der Lektion soll das Pferd im Takt bleiben und sich ohne Widerstand oder Versteifen umstellen und -biegen lassen.

Sobald das Pferd eine Schlangenlinie mit drei Bögen korrekt ausführt, kann man auch noch mehr Bögen reiten. Dabei werden die Halbkreise enger, folglich muß das Pferd sich stärker biegen und noch mehr Gewicht mit dem inneren Hinterbein aufnehmen. Da diese Lektion meist im Leichttrab geritten wird, muß der Reiter vor jedem Bogen umsitzen. (Man erkennt, auf welchem Fuß man trabt, indem man auf die äußere Schulter des Pferdes achtet: wenn sie zurückschwingt, setzt sich der Reiter in den Sattel. In dem Moment ist das innere Hinterbein auf dem Boden und der Reiter kann mit den Schenkeln besser treiben. Der Schenkel und das In-den-Sattel-Einsitzen wirkt als treibende Hilfe für das Hinterbein. Das Pferd trägt nicht nur sein eigenes Gewicht auf dem inneren Hinterbein, sondern auch das des Reiters.)

Am Anfang der Ausbildung oder auch zu Beginn der Trainingsstunde für das schon besser ausgebildete Pferd reitet man eher im Leichttrab als im ausgesessenen Trab. Dadurch kann sich der Rücken des Pferdes besser lösen und „einschwingen", bevor er das Reitergewicht aufnehmen muß. Ein junges Pferd hat noch nicht viel Kraft und sollte erst ausgesessen getrabt werden, wenn seine Rückenmuskulatur gekräftigt ist.

Die gleich großen Bögen müssen von einer Seite der Bahn zur anderen reichen. Das Pferd muß ein, zwei Tritte geradegerichtet sein, bevor es umgestellt und gebogen wird.

Schlangenlinien sind für das Pferd Lockerungsübungen - so wie die Dehnungsübungen, die menschliche Athleten zum Aufwärmen benutzen.

Halbe Parade und Beinahe-Übergang

Durch das Aktivieren der Hanken und das Absenken der Hinterhand wird hinten mehr Gewicht aufgenommen, und die Vorhand des Pferdes wird leichter.

Bleiben die Hanken des Pferdes steif, wird der Rücken hohl und die Vorhand bleibt schwer, weil die Hinterhand kein Gewicht aufnimmt.

Das Pferd muß die halbe Parade schon früh während der Grundausbildung lernen. Um eine halbe Parade auszuführen, schließt der Reiter seine Beine und nimmt den Zügel leicht an; dadurch wird vor einer Lektion oder einem Tempowechsel die Aufmerksamkeit des Pferdes erhöht und seine Balance verbessert. Die Hinterhand nimmt mehr Gewicht auf, die Hinterbeine treten aktiver an, und die Vorhand wird leichter. Dadurch kann das Pferd die Aufgabe, die von ihm verlangt wird, besser ausführen.

Die halbe Parade darf für einen Zuschauer kaum sichtbar sein, sie ist nur eine Mitteilung vom Reiter ans Pferd. Je höher der Grad der Ausbildung, desto weniger sichtbar ist sie.

Halbe Paraden haben eine ziemlich starke Wirkung, so daß das Pferd aus jedem Tempo verlangsamt werden kann. Dabei ist es sehr wichtig, daß das Pferd nicht aus dem Takt gerät und daß es sich gegen die halbe Parade nicht wehrt oder gegen die Reiterhand geht, denn sonst kann es den Rücken nicht wie verlangt einsetzen. Statt dessen macht sich das Pferd hohl, versteift sich im Rücken und kann Hanken und Hinterhand nicht aktivieren.

Der Beinahe-Übergang ist eine gute Übung für richtige Übergänge bei Tempowechseln. Der Reiter verlangt vom Pferd einen Wechsel in die nächstlangsamere Gangart, aber bevor das Pferd den ersten Tritt im Trab oder den ersten Schritt macht, wird es wieder vorwärtsgetrieben und im ursprünglichen Tempo weitergeritten.

Bei dieser Übung muß der Reiter seine Schenkel kräftig einsetzen, um den Takt der Bewegung zu erhalten. Die Anlehnung an den Zügel muß dabei immer gleich bleiben, und das Pferd darf sich nirgends festmachen. Es muß den Rücken aktivieren, sich auf die Hinterhand „setzen" und dann wieder eifrig antreten, was nur mit aktiv eingesetzten Hanken und Hinterbeinen geht. Merksatz als Erinnerungshilfe: „Alles bleibt stets gleich."

Übergänge

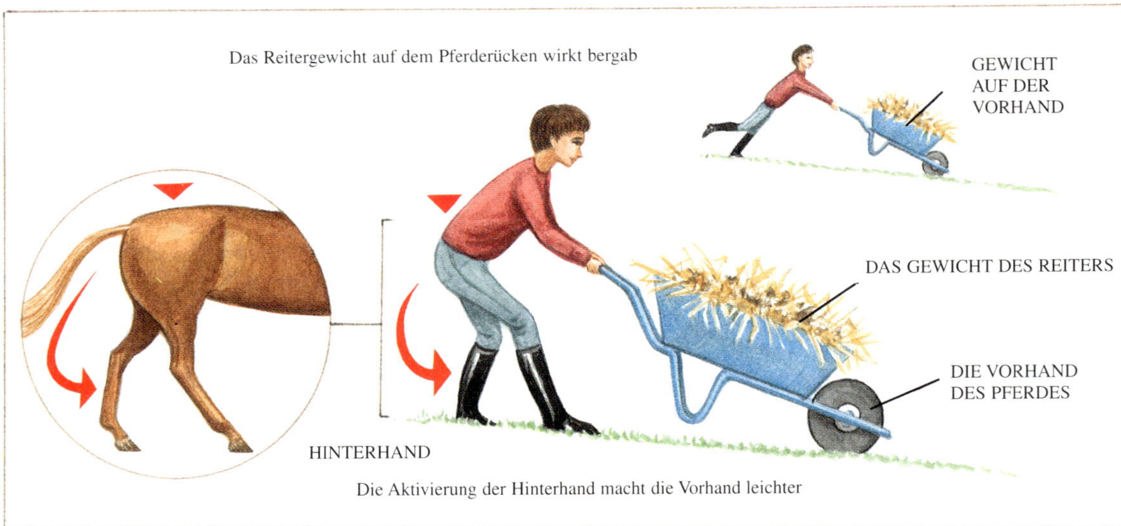

Das Pferd muß die Hanken beugen und die Hinterhand absenken, um von einer Gangart in eine andere zu wechseln.

Die Vorstellung, einen vollgeladenen Schubkarren anzuhalten, macht deutlich, wie wichtig es ist, die „Hanken" zu beugen, um das Tempo zu verlangsamen.

Übergänge verbessern die Fähigkeit des Pferdes, bei einem Wechsel in ein langsameres Tempo sein Gewicht mit der Hinterhand aufzunehmen und sich bei einem Wechsel in ein schnelleres Tempo von hinten her nach vorne heraus zu „katapultieren".

Übergänge sollen elastisch und nicht abrupt sein, jedoch ohne Zögern an dem zuvor bestimmten Punkt ausgeführt werden (wenn man in einer Dressurprüfung ist). Der Takt der Gangart muß bis zu dem Moment erhalten bleiben, wo das Tempo geändert wird. Das Pferd muß in leichter Anlehnung am Zügel bleiben und darf sich nicht wehren oder versteifen. Auch bei Übergängen gilt der Merksatz der halben Paraden und Beinahe-Übergänge: „Alles bleibt stets gleich."

Es ist sehr nützlich, die Übergänge immer bei bestimmten Gelegenheiten zu üben, so daß der Reiter lernt, wie lange das Pferd braucht, um einen Übergang auszuführen, ohne die Balance oder den Takt zu verlieren.

Übergänge sind auf dem Zirkel, wo das Pferd seine Hinterhand stärker aktivieren muß, leichter durchzuführen als auf der Geraden. Versucht das Pferd während des Tempowechsels sich zu wehren, kann der Reiter das verhindern, indem er es etwas mehr nach innen stellt, den Druck des inneren Schenkels leicht verstärkt und den inneren Zügel ein paarmal leicht annimmt und nachgibt. Die äußere Hand, die das Tempo kontrolliert, bleibt dann stehen, wodurch ein Übergang in das niedrigere Tempo verlangt wird.

Bevor das Pferd den Übergang ausführen soll, muß der Reiter daran denken, durch eine oder mehrere halbe Paraden die Hinterhand zu aktivieren und damit die Vorhand frei zu machen. Nur ein Pferd, das sich im Gleichgewicht befindet, kann einen korrekten Tempoübergang - egal ob aufwärts oder abwärts - ausführen. Ist das Pferd auf jeden Übergang vorbereitet, hat es die Möglichkeit, korrekt von hinten her anzutreten, statt sich mit Hilfe seiner Schultern vorwärts zu schleppen und/oder sich dem Reiter auf die Hand zu legen.

ABWENDEN AUF DIE MITTELLINIE

Das Abwenden auf die Mittellinie ist nicht nur eine wichtige Lektion in Dressurprüfungen, sie spielt auch in der Ausbildung und im Training des Pferdes eine große Rolle. Zu Beginn der Ausbildung sollte der Reiter nur eine Wendung von 10 Metern Durchmesser zur Mitte hin verlangen. Ist das Pferd dann fortgeschritten, wird die Wendung auf sechs Meter reduziert.

Es ist wichtig, daß das Abwenden exakt geritten wird, das Pferd darf nicht über die Mittellinie hinausgetragen werden. Anschließend muß es absolut geradegerichtet auf der Mittellinie weiterreiten, ohne zu schwanken oder Schlangenlinien zu reiten.

Um das zu erreichen, muß der Reiter vor dem Abwenden zunächst eine halbe Parade ausführen und das Gewicht auf die Hinterhand bringen, damit das Pferd im Gleichgewicht ist. Dann muß er bei Erreichen der Mittellinie mit gleichmäßiger Anlehnung kräftig vorwärtsreiten. Mit diesen Hilfen wird genügend Schub aus der Hinterhand erzeugt, um geradegerichtet weiterreiten zu können.

Diese Übung verlangt vom Pferd, vermehrt aus der Hinterhand heraus zu arbeiten, was schließlich das Ziel der Grundausbildung ist. Spezielle Lektionen wie diese sind letztlich besser, um die Hinterhand zu aktivieren und das Pferd zur korrekten Arbeit zu motivieren, als ohne Plan und Ziel seine Runden zu drehen und das Pferd zur Arbeit zu zwingen.

Das Abwenden auf die Mittellinie kann auch mit Rechts - oder Linksum-Wendungen bei E oder B (halbe Bahn) geübt werden. Da bei dieser Wendung nicht viel Zeit bleibt, um sicherzustellen, daß das Pferd völlig geradegerichtet ist, müssen die Hilfen des Reiters klar und deutlich durchkommen. Wird mit dieser Lektion die Hand gewechselt, muß der Reiter das Pferd beim Überqueren der Mittellinie im Genick umstellen und verhindern, daß es über die Schulter oder mit der Hinterhand ausfällt.

Das Hin- und Herschwanken auf der Mittellinie wird korrigiert, indem das Pferd stärker vorwärts getrieben wird - etwa so, wie man das Schwanken eines Fahrrads korrigiert, indem man schneller in die Pedale tritt.

Zirkel verkleinern und vergrössern

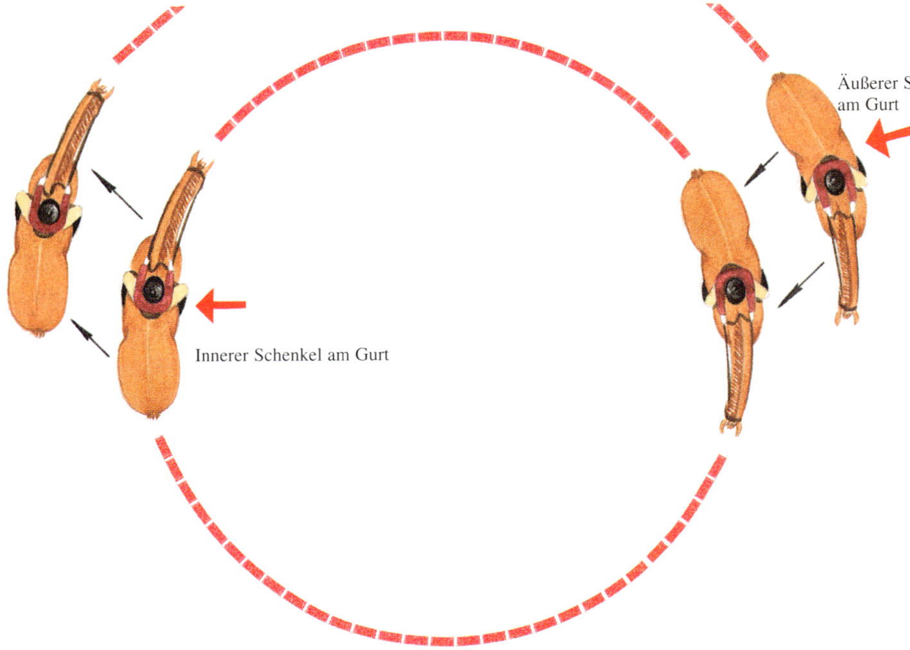

Bei dieser Übung lernt das Pferd, vor dem Schenkel des Reiters zu weichen. Dies ist der Beginn der Arbeit auf zwei Hufschlägen, einem sehr nützlichen Teil der Ausbildung des Pferdes, denn es lernt hierbei, die Hilfen des Reiters gehorsam anzunehmen. Die Losgelassenheit verbessert sich, und die Hinterhand wird zu vermehrter Aktivität angeregt. Das wiederum dient dazu, Takt und Gleichgewicht zu verbessern.

Zu Beginn dieser Übung wird das junge (angerittene) Pferd auf einem Zirkel mit 20 Metern Durchmesser geritten. Dann wird der Zirkel auf etwa 15 Meter verkleinert, anschließend wieder bis zur Ausgangslinie vergrößert, indem der Reiter mit dem inneren Schenkel am Gurt treibt. Es ist wichtig, daß der Schenkel immer am Gurt liegt und nicht dahinter. Das innere Bein rutscht nämlich allzu leicht zurück bei dem Versuch, kräftiger zu treiben. Damit ist der Sitz des Reiters aber nicht mehr korrekt und das Pferd wird aus dem Gleichgewicht gebracht. Die innere Hüfte des Reiters muß auf einer gebogenen Linie (dem Zirkel) immer vor der äußeren sein - entsprechend der Lage der Schenkel.

Vergrößert man den Zirkel, müssen die inneren Beine des Pferdes vor den äußeren Beinen übertreten. Die Stellung darf sich dabei aber nicht verändern, und das Pferd darf nicht über die Schulter ausfallen.

Hat das Pferd einmal begriffen, wie es in dieser Lektion vor dem inneren Schenkel des Reiters weichen soll - und das kann noch weiter mit den Lektionen Schenkelweichen und Schulterherein in den nächsten Kapiteln geübt werden -, soll es nun lernen, vor dem äußeren Schenkel zu weichen, indem der Zirkel verkleinert wird. Auch hierbei gilt: die Stellung muß erhalten bleiben, das Pferd darf nicht über die Schulter ausfallen, sondern muß mit den äußeren Beinen vor den inneren Beinen übertreten, um den Zirkel zu verkleinern.

Dabei ist wichtig, daß das Pferd im Takt bleibt und sich nicht widersetzt oder verspannt, denn sonst ist der Nutzen dieser Lektionen für die Verbesserung der Durchlässigkeit, der Kondition und des Gehorsams gleich Null.

SCHENKELWEICHEN

Dies ist eine Übung auf zwei Hufschlägen. Das Pferd ist geradegerichtet, nur im Genick ist es leicht nach innen gestellt, so daß der Reiter eben noch seine Augenbraue sehen kann. Die inneren Beine treten vor den äußeren Beinen über, und das Pferd schaut nicht in die Richtung, in die es geht. Wenn die Übung an der Bande einer Reitbahn ausgeführt wird, wird das Pferd in einem Winkel von 35° abgestellt.

Beim Zirkelvergrößern hat das Pferd ja bereits gelernt, wie es vor dem Schenkel des Reiters weichen muß. Die Bewegung überfordert das Pferd nicht, weil nur verlangt wird, vor- und überzutreten, aber nicht, mehr Gewicht mit der Hinterhand aufzunehmen. Diese Übung soll das Pferd lösen und auf das anspruchsvollere Schulterherein vorbereiten.

Schenkelweichen wird normalerweise auf der Wechsellinie (der Diagonale) der Reitbahn ausgeführt. Der Reiter wechselt die Hand und stellt das Pferd im Genick leicht so ein, daß es nicht in die Richtung schaut, in die es geht. Dann treibt er das Pferd vorwärts-seitwärts. Anfangs sollte die Lektion nur ein paar Schritte lang geübt werden, aber nach und nach wird das Pferd das Schenkelweichen über längere Zeit ausführen können. Takt und Stellung des Pferdes - dies ist ganz wichtig - müssen dabei erhalten bleiben: „Alles bleibt stets gleich." Die Anlehnung an den Zügel muß gleichmäßig und weich sein, das Pferd darf sich nicht widersetzen.

Als Tip, um zu verhindern, daß das Pferd auf der Wechsellinie einfach nur wegläuft: Man kann die Übung immer nur ein paar Schritte lang ausführen, dann das Pferd wieder geraderichten, dann wieder einige Schritte Schenkelweichen lassen usw. Auf diese Weise wird verhindert, daß das Pferd sich vor der Arbeit drückt und über die äußere Schulter ausfällt. Wenn der Reiter merkt, daß es das tut, muß er zunächst die Hinterhand herantreiben und dann erst mit dem Schenkelweichen fortfahren.

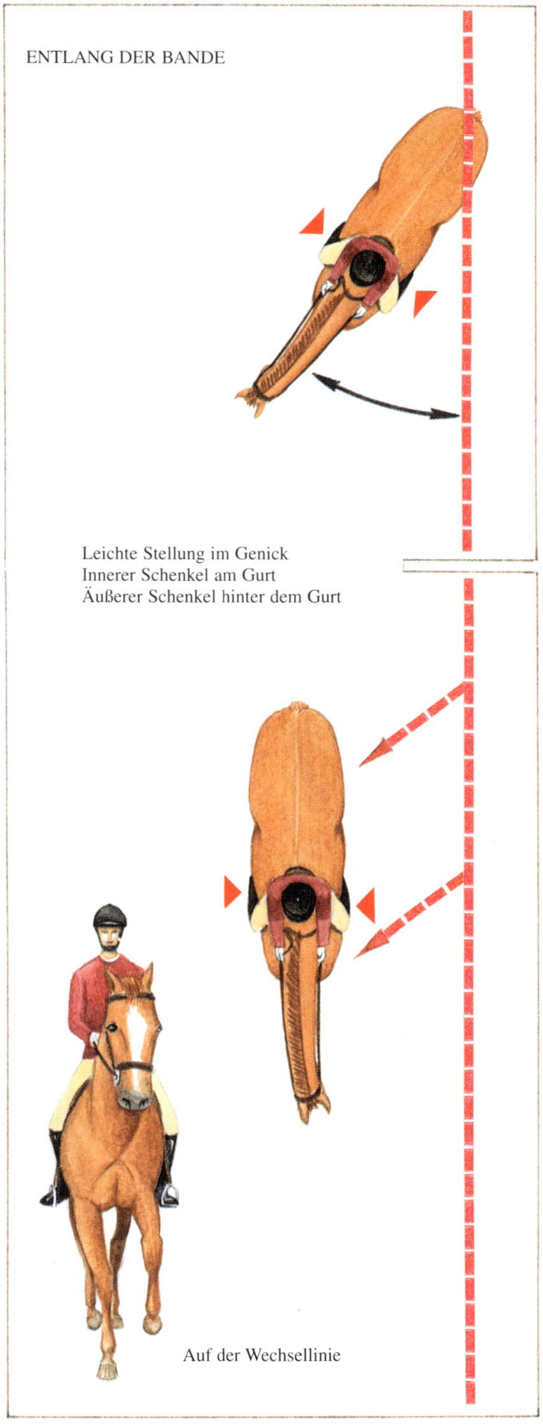

Volten

Um taktmäßig und in einer Spur (siehe Zirkel-Arbeit) gehen zu können, muß das Pferd das innere Hinterbein stärker beugen. Das ist vergleichbar mit Soldaten in der „Schubkarrenformation", wo die innen Stehenden die Beine wesentlich höher heben müssen, um im Takt zu bleiben.

Inzwischen arbeitet das Pferd taktmäßig und ausbalanciert auf Zirkeln und Schlangenlinien und beherrscht das Abwenden auf die Mittellinie und auf die halbe Bahn. All diese Übungen muß das Pferd ohne Widerstand und ohne Verlust von Gleichgewicht und Takt ausführen können, bevor es eine Volte reiten kann.

Je kleiner ein Zirkel ist, desto mehr muß das Pferd sich mit der Hinterhand tragen und diese aktiv einsetzen können. Um auf einer Volte mit 10 Metern Durchmesser genügend Biegung zu erreichen und dabei in der Spur zu bleiben, muß das innere Hinterbein viel stärker angehoben (gebeugt) werden, so daß das Pferd im Takt bleibt und weder mit der Hinterhand noch über die Schulter ausfällt.

Takt und Biegung des Pferdes müssen unbedingt erhalten bleiben, und es darf keinen Widerstand leisten; ist das Pferd physisch noch nicht in der Lage, eine Volte von 10 Metern Durchmesser korrekt auszuführen, reitet man besser zunächst etwas größere Volten. Der Reiter muß aufpassen, daß das Pferd sich vor der korrekten Arbeit nicht drückt. Es kann über die äußere Schulter ausfallen: in diesem Fall muß der Reiter stärker den äußeren Zügel einsetzen. Das Pferd kann sich auf den inneren Zügel legen, woraufhin der Reiter versucht, die gebogene Linie mit der Hand zu erzwingen. Wenn das passiert, trägt das Pferd sein Gewicht nicht richtig auf dem inneren Hinterbein, sondern versucht sich mit Hilfe der Reiterhand auszubalancieren.

Drängt das Pferd in die Volte hinein, muß der Reiter es mit dem inneren Schenkel heraustreiben. Man darf nie vergessen, daß die Biegung des Pferdes durch den inneren Schenkel des Reiters erfolgen muß und nicht durch die innere Hand! Volten können überall in der Reitbahn angelegt werden, reitet man aber von der Mittellinie aus zum Hufschlag, wird die Volte mit Sicherheit nicht zu groß.

Pferde können sich oft besser zu einer Seite hin biegen als zur anderen, der Reiter darf aber nicht nachlassen, die steife Seite zu trainieren. Das Pferd wird ständig versuchen, ihn auf dieser Seite zu beschummeln, aber darauf sollte er nicht hereinfallen!

Schulterherein

Diese Übung wird als Seitengang bezeichnet. Das Pferd wird leicht um den inneren Schenkel des Reiters gebogen und bewegt sich vorwärts-seitwärts mit Vor- und Hinterhand auf zwei Hufschlägen. Beim Schulterherein kreuzt das innere Vorderbein vor dem äußeren Vorderbein.

Diese Lektion ist eine hervorragende Lockerungsübung und der Beginn der Versammlung. Nur wenn das Pferd die innere Hüfte absenkt, kann das innere Hinterbein vor und unter dem äußeren Hinterbein aufsetzen, so wie es die Übung verlangt. Indem die Hüfte gesenkt wird, wird mehr Gewicht mit der Hinterhand und den Hanken aufgenommen; so wird das Pferd besser ausbalanciert und in die Lage versetzt, versammelte und verstärkte Tempi auszuführen.

Schulterherein wird entlang der Bande mit einem Abstellungswinkel von 30° ausgeführt. Dabei ist das Pferd entgegen der Richtung gebogen, in die es sich bewegt.

Die Stellung und Biegung des Pferdes in Genick und Hals hat eine Wirkung auf den ganzen Rücken. Die Biegung darf daher nie übertrieben werden, weil das die Vorwärtsbewegung verhindert und das Pferd aus dem Gleichgewicht bringt.

In allen Seitengängen und Übungen auf zwei Hufschlägen muß das Tempo frei und gleichmäßig bleiben: Der Schwung geht nämlich leicht durch die Anstrengung verloren, mit der das Pferd gleichzeitig gebogen und vorwärtsgetrieben wird. Soll diese Übung ihren Sinn erfüllen, darf sich das Pferd nicht verspannen.

Am einfachsten ist es, wenn man das Schulterherein aus einer Volte heraus beginnt. Das Pferd ist dann für die Seitenarbeit bereits korrekt gebogen und muß vor dem inneren Schenkel des Reiters weichen. Der Reiter muß mit dem inneren Schenkel treiben und darf die Vorwärtsbewegung nicht mit der Hand behindern, indem er versucht, die Biegung mit dem inneren Zügel herzustellen.

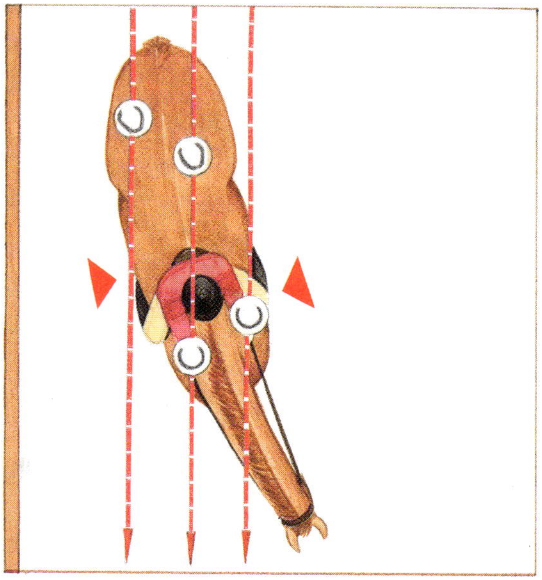

Schulterherein wird entlang der Bande mit einer Abstellung von 30° ausgeführt. Das Pferd ist entgegen der Richtung gebogen, in die es sich bewegt.

Der innere Schenkel des Reiters darf nicht zurückrutschen, weil damit sein Gewicht nach außen verschoben wird.

Schulterheraus

Die Bezeichnung Schulterheraus ist etwas irreführend, weil in allen Seitengängen diejenige Seite, zu der das Pferd gebogen wird, die innere Seite ist. Wie dem auch sei, da die Schulter in diesem Fall zur Außenwand der Reithalle zeigt, kann man sich diese Übung genausogut als Schulterherein nach außen vorstellen.

Der Vorteil beim Schulterheraus-Reiten ist, daß die Hallenwand (oder Bande) verhindert, daß das Pferd zu weit vortritt. Das bedeutet, daß der Reiter weniger stark in die Versuchung gerät, die Hand zuviel einzusetzen.

Man beginnt das Schulterheraus, indem man die Ecke vor der Geraden korrekt gebogen durchreitet, das Pferd wieder geraderichtet und es dann nach außen biegt. Wenn diese neue Biegung erreicht ist, muß der Reiter verstärkt mit dem neuen inneren Schenkel (dem zur Wand gekehrten) das Pferd dazu bringen, mit seinem neuen inneren Hinterbein (wiederum dem nahe der Wand) vermehrt unterzutreten. Damit das Pferd nicht über die Schulter ausfällt (diejenige zur Bahnmitte hin), muß der Reiter den äußeren Schenkel anlegen (denjenigen zur Bahnmitte hin), um dieses Ausweichen unter Kontrolle zu halten.

Schulterheraus ist eine ausgezeichnete Übung für Pferde, die beim Schulterherein auf einer Hand Probleme haben - und alle Pferde haben eine schlechte Seite. Oft genug fällt der Reiter auf ein widersetzliches Pferd herein und gebraucht zuviel inneren Zügel oder nicht genug inneren Schenkel; das Schulterheraus gibt dem Reiter durch die Unterstützung der Hallenwand (oder Bande) eine zusätzliche Hilfe. Sobald das Pferd die korrekten Hilfen annimmt, verbessert es sich in diesen Übungen mit verblüffender Geschwindigkeit.

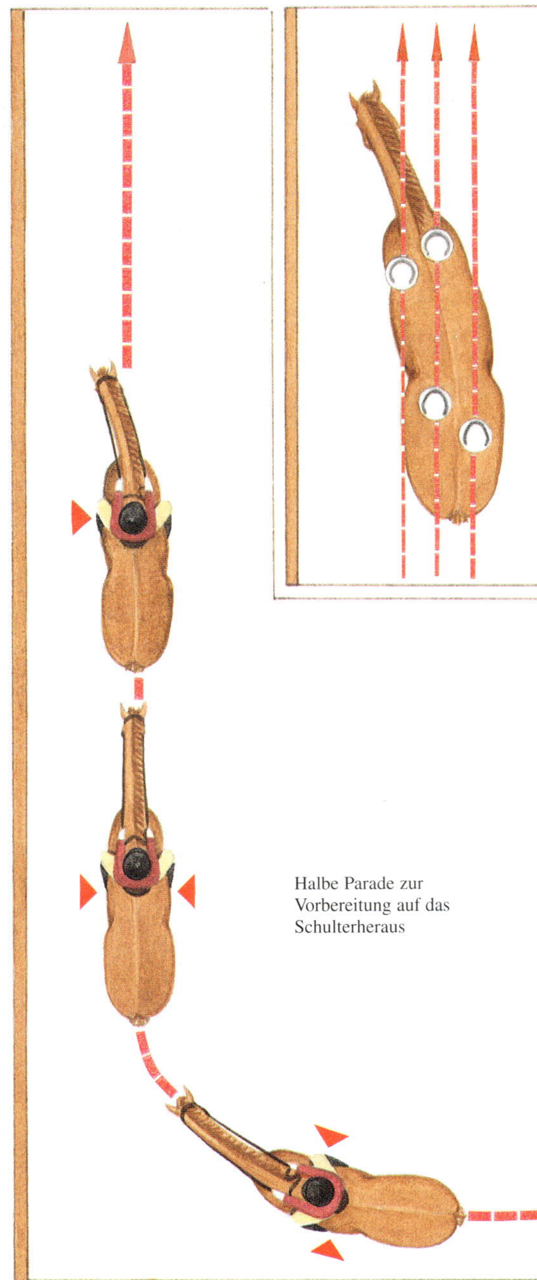

Das Pferd ist zur Außenwand der Reithalle gebogen und bewegt sich vorwärts-seitwärts auf zwei Hufschlägen.

KEHRTWENDUNG IM GALOPP

Diese Wendung ist eine Kehrtvolte mit einem Durchmesser von zehn Metern. Die Bezeichnung Volte wird bei Zirkeln von sechs, acht oder zehn Metern Durchmesser verwendet. Ist der Durchmesser mehr als zehn Meter, spricht man von einem Zirkel. Bei der Kehrtwendung reitet man eine halbe Volte und kehrt dann zum Hufschlag zurück. Im Galopp ausgeführt, ist das der Beginn der Ausbildung des Pferdes im Außengalopp. Das Pferd lernt, mit leichter Anlehnung am äußeren Schenkel des Reiters zu gehen und daß es möglich ist, für kurze Zeit auf der „falschen" Hand zu galoppieren. Wie bei jeder neuen Übung, muß sich der Reiter darauf konzentrieren, die Basisanforderungen zu erfüllen: Takt, Gleichgewicht, eine stete Anlehnung an den Zügel und die unveränderte Stellung und Biegung müssen erhalten bleiben. Geht irgend etwas davon verloren, ist die Übung zur Förderung der Ausbildung des Pferdes nutzlos.

Je kleiner die Wendung, desto größer ist die Gefahr, daß dem Pferd der Schwung und damit der Takt verlorengeht, möglicherweise sogar so sehr, daß es in den Trab fällt. Der Reiter muß das Pferd durch mehrere halbe Paraden auf die Lektion vorbereiten, so daß das Pferd sich ausbalancieren und die Hinterhand vermehrt aktivieren kann. Der Reiter muß die Wendung aktiv durchreiten und darf sich nicht tragen lassen, wobei er die Balance erhalten muß. Wie beim Autofahren ist die richtige Methode, durch eine Kurve zu fahren, das Gasgeben und nicht das Bremsen. Das gilt auch für das Reiten.

Diese Übung sollte nur dann durchgeführt werden, wenn das Pferd in der Lage ist, auf kleinen Zirkeln von 10 bis 15 Metern Durchmesser zu galoppieren, wobei das Ziel die Volte mit zehn Metern ist. Ist diese Übung für das Pferd zu schwierig, könnte es sich aufregen und verspannen. Der Reiter muß geduldig sein, bis das Pferd soweit ist, um schwierigere Lektionen in Angriff zu nehmen.

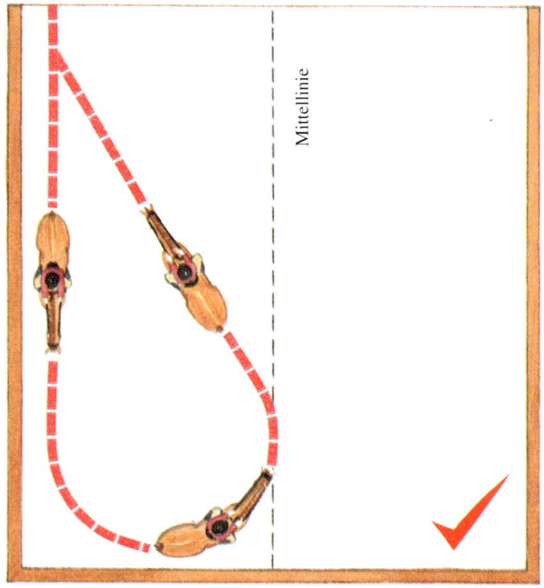

Der Reiter reitet eine halbe Volte von 10 Metern Durchmesser zur Mittellinie und kehrt dann auf einer geraden Linie zum Hufschlag zurück.

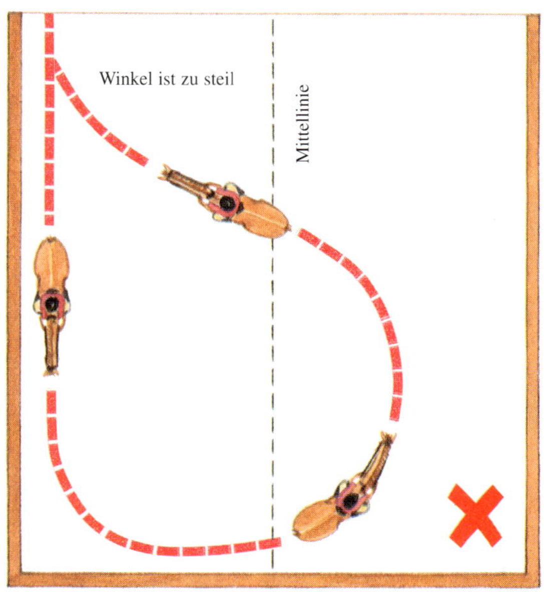

Wenn die halbe Volte zu groß ist, ist der Winkel, in dem zurück zum Hufschlag geritten wird, zu steil und die Gefahr ist größer, daß das Pferd aus der Balance kommt.

AUSSENGALOPP

Diese lösende Übung verbessert das Gleichgewicht des Pferdes und seinen normalen Galopp. Im Galopp trägt das äußere Hinterbein einen Moment lang das gesamte Gewicht, und nur wenn dieses Hinterbein gut untergesetzt wird, ist der Galopp korrekt. Beim Außengalopp ist dieses Hinterbein auf der Innenseite und geht daher auf einer kürzeren Spur. Um den Takt zu erhalten, muß dieses Bein mehr tun, weil es bei jedem Galoppsprung höher angehoben werden muß; es trägt auch mehr Gewicht durch die Position auf der Innenseite. So verbessert diese Übung also den Galopp generell.

Das Pferd wird durch die vorangegangene Übung, die Kehrtwendung, auf den Außengalopp vorbereitet. Nach und nach kann die Dauer des Außengalopps verlängert werden, bis das Pferd in der Lage ist, die nächste Ecke im Galopp zu durchreiten.

Der Reiter muß darauf achten, daß er selber im Gleichgewicht bleibt und nicht nach außen rutscht, wodurch das Pferd aus dem Gleichgewicht gebracht wird. Er muß mit den Schenkeln treiben, um Takt und Schwung zu erhalten und darauf achten, daß die Stellung im Genick immer in Richtung des führenden Beins ausgerichtet ist.

Er muß außerdem darauf achten, daß das Pferd in der Wendung nicht zu stark mit der Hinterhand ausbricht, obwohl das auch von der Durchlässigkeit des Pferdes abhängt.

Außengalopp bedeutet für das Pferd harte Arbeit; erst wenn es auch physisch stark genug geworden ist, um mit der Lektion gut fertig zu werden, kann man sie über längere Zeit vom Pferd verlangen. Nach einer Weile wird dann auf der langen Seite im Außengalopp angaloppiert und schließlich an jedem gewünschten Punkt in der Reitbahn.

Das Pferd sollte mit dieser Lektion so vertraut werden, daß es zufrieden an jedem Ort auf jeder Hand angaloppiert, ohne sich zu verspannen oder zu verkrampfen und ohne den Takt und den Schwung zu verlieren.

Mitteltrab und Mittelgalopp

ENERGIE IST ALS SCHUBKRAFT IN DER HINTERHAND GESPEICHERT

Damit das Pferd seine Tritte verlängern kann, ohne dabei auf die Vorhand zu fallen oder den Takt zu beschleunigen, muß es zunächst die Hinterhand aktivieren, um sich dann mit Schub von hinten nach vorne heraus zu „katapultieren". Je mehr Energie (Schubkraft) in den Hanken steckt, desto raumgreifender wird die Erweiterung sein. Ist nicht genug Schubkraft vorhanden oder ist das Pferd nicht im Gleichgewicht, zieht es sich nur auf der Vorhand vorwärts und „rennt" eher, als daß es seine Tritte verlängert.

Schubkraft wird mittels der halben Parade versammelt, und das läßt sich am leichtesten in der Ecke vor dem verlangten Wechsel in das Mitteltempo machen. Der Reiter führt mehrere halbe Paraden aus, treibt dabei mit den Schenkeln, um die Hinterhand zu aktivieren, aber dann läßt er das Pferd keine größeren Tritte machen, sondern hält die Energie mit dem äußeren Zügel zurück, bis er sie loszulassen wünscht. Sobald man aus der Ecke herausreitet, ist es wichtig, daß das Pferd absolut geradegerichtet ist, bevor der Reiter die Hilfen gibt, um in Mitteltrab oder Mittelgalopp überzugehen. Ist das Pferd im Trab immer noch gebogen, besteht die Gefahr, daß es angaloppiert, und das nicht nur, weil es nicht ausbalanciert ist, sondern weil es denkt, es hätte die Galopphilfen bekommen. Ist das Pferd im Galopp noch gebogen, ist das Mitteltempo begrenzt, und die ganze Lektion geht daneben.

Auch hier gilt zu beachten: „Alles bleibt immer gleich", Die Anlehnung darf sich also nicht ändern, auch nicht der Takt und das Gleichgewicht. Das Pferd muß sich etwas nach vorn und abwärts strecken können, ohne aus dem Gleichgewicht zu geraten und ohne auf die Vorhand zu fallen.

Beim Mittelgalopp ist es wichtig, daß der Reiter der verstärkten Kopfbewegung des Pferdes folgt.

Der Halt

Der Halt wird erst recht spät im Ausbildungsprogramm erwähnt, denn um einen geschlossenen Halt zu erreichen, bei dem das Gewicht des Pferdes gleichmäßig auf allen vier Beinen verteilt ist, muß es in der Lage sein, auf Kommando seine Hanken zu aktivieren. Zu Beginn der Ausbildung läßt man das Pferd eher Übergänge zum Halt ausführen, aber einen geschlossenen Halt kann es erst zu einem späteren Zeitpunkt ausführen, wenn es imstande ist, Gewicht mit der Hinterhand und den Hanken aufzunehmen. Korrigiert der Reiter am Anfang der Ausbildung zuviel am Halt herum, um das Pferd geschlossen auf alle vier Beine zu stellen, obwohl es sich noch nicht im Gleichgewicht befindet, wird er dem Pferd nur beibringen, während des Halts unruhig hin- und herzutreten. Das ist schwer korrigierbar. Bevor also der Halt korrigiert wird, ist es besser, das Pferd so geschlossen halten zu lassen, wie es zum jeweiligen Zeitpunkt in der Lage ist, und abzuwarten, bis es besser ausbalanciert ist. Wie bei jedem Übergang, muß auch diese Übung mit mehreren halben Paraden vorbereitet werden. Das Gewicht muß auf die Hinterhand gebracht werden, so daß die Vorhand entlastet ist und das Pferd auf die Hilfen reagiert. Dann wird es gegen den anstehenden Zügel getrieben, der Schenkel treibt weiter, um die Hanken weiter zu aktivieren, bis das Pferd ausbalanciert anhalten kann.

Obwohl man beim Halt normalerweise an Dressurprüfungen denkt, ist er - sofern korrekt ausgeführt - eine nützliche und wertvolle Übung im Training. Ein geschlossener Halt, bei dem das Gewicht gleichmäßig auf allen vier Beinen verteilt ist, erfordert die vermehrte Aktivität der Hanken.

Wichtig ist auch das Anreiten. Das Pferd muß bei der Vorbereitung zum Halt, während des Halts und beim Anreiten in derselben Anlehnung bleiben.

Rückwärtsrichten

Das Rückwärtsrichten ist eine Übung, die nicht nur Gehorsam fördert, sondern auch die Durchlässigkeit und Aktivität der Hinterhand und Hanken. Eilt das Pferd mit aufgesperrtem Maul und hochgerissenem Kopf rückwärts, hat die Übung überhaupt keinen Wert; um sinnvoll für die Ausbildung zu sein, muß sie korrekt ausgeführt werden.

Die erste Voraussetzung für ein gutes Rückwärtsrichten ist der geschlossene, ausbalancierte Halt. Ist das Pferd bei der Vorbereitung zum Halten nicht im Gleichgewicht und steht schließlich mit ungleich verteiltem Gewicht, kann kein ausbalanciertes Rückwärtsrichten durchgeführt werden.

Es ist unbedingt erforderlich, daß das Pferd immer eindeutige Hilfen bekommt und daß es lernt, besonders bei dieser Übung, beim Übergang zum Halt und beim Halt in gleichmäßiger Anlehnung am Zügel zu

bleiben. Es muß aufmerksam und ruhig im Halt stehen und auf das Kommando warten, bevor es sich in Bewegung setzt. Der Reiter macht sich leicht im Sattel, legt die Schenkel am Gurt an und verhindert, daß das Pferd vorwärts tritt, so daß es rückwärts geht.

Das Rückwärtsrichten ist eine Bewegung im Zweitakt, bei dem sich abwechselnd die diagonalen Beinpaare bewegen - wie im Trab, nur ohne die kurze Schwebephase. Das Pferd muß seine Hufe deutlich anheben, die Vorderbeine dürfen nicht schlurfen, die Hinterbeine müssen aktiv sein. Beim

Das Pferd ist am Zügel und steht geschlossen bei gleichmäßiger Gewichtsverteilung.

Ohne aktive Hinterhand beim Übergang zum Halten kann das Pferd nicht geschlossen stehen.

Wiederanreiten - im Schritt, Trab oder Galopp, je nach Ausbildungsstand - muß das Pferd ohne zu zögern und ohne Widerstand vorwärtsgehen.

Beim Rückwärtsrichten zeigt sich jegliche Verspannung im Rücken oder in der Hinterhand, das Pferd muß also für diese Übung schon einen entsprechenden Ausbildungsstand haben.

Man kann dem Pferd das Rückwärtsrichten beibringen, indem ein Helfer vom Boden aus das Pferd mit einer Hand an der Schulterspitze zurückdrängt, wobei er das Wort „zurück" wiederholt. Es ist wichtig, daß es bei dieser Lektion nicht zu einem Kampf kommt. Das Pferd hat ein gutes Gedächtnis und wird bald mit verschiedenen Lektionen Unangenehmes verbinden.

Das Pferd sollte nicht bei jedem Halt rückwärts gerichtet werden, sonst wird es bei jedem Anhalten zurücktreten.

Zu guter Letzt

- √ Ausbildung und Training eines Pferdes erfordern Zeit, Aufwand und Geduld.
- √ Um zu vermeiden, daß das Pferd sich langweilt, müde oder „sauer" wird, sollte es nicht zu lange auf einmal trainiert werden.
- √ Jede Trainingsstunde muß ein Ziel haben. Legen Sie sich im Kopf einen Arbeitsplan für die Stunde zurecht.
- √ Bevor es schwer arbeiten muß, sollte das Pferd unbedingt gelockert werden; anschließend braucht es Zeit, um abzukühlen (Trockenreiten).
- √ Jede Lektion muß durch eine oder mehrere halbe Paraden rechtzeitig vorbereitet werden. Alle Hilfen müssen eindeutig und klar gegeben werden.
- √ Indem ein Kommando an immer wechselnden Punkten erteilt wird, vermeidet man, daß das Pferd ein Kommando vorausnimmt.
- √ Bevor eine neue Lektion begonnen wird, sollte das Pferd eine ihm vertraute Übung ausführen, die es gut beherrscht, so daß es aufmerksam und lernbereit ist.
- √ So frustrierend Sie Ihr Pferd manchmal auch finden mögen - werden Sie nie wütend! Denn wenn das passiert, vergißt das Pferd das nie. Kehren Sie statt dessen zu einer weniger anspruchsvollen Aufgabe / Lektion zurück und verschieben Sie die schwierige Übung auf einen späteren Zeitpunkt, wenn Ihnen jemand mit Erfahrung vom Boden aus helfen kann.
- √ Es ist eine Freude, ein gut ausgebildetes Pferd zu reiten - am Ende hat sich die Mühe gelohnt!

Erinnern Sie sich beim Reiten an den Grundsatz: „Alles bleibt immer gleich."